Une plume, de l'encre et un univers

PEGGY REYNAUD

Une plume, de l'encre et un univers

© 2022, Peggy Reynaud

127peg@gmail.com

Édition : BoD – Books on Demand, info@bod.fr

Impression : BoD – Books on Demand,

In de Tarpen 42, Norderstedt (Allemagne)

Impression à la demande

ISBN : 978-2-3224-6510-1

Dépôt légal : août 2022

Table des matières

Préface 8
Je suis ta plume.. 10
Si la vie est une expérience 11
Marraine du monde 12
Morgan de toi 14
Mariage 15
Tes premiers souffles 17
La vie sans toi 18
Envie de prendre soin de toi 20
Mon étoile 22
Les yeux sont le reflet de l'âme 23
Pas un sur Terre 25
Voyage 27
Le temps qui passe et trépasse 29
Brise 31
Le séducteur 32
Cœur qui pleure 34
Des fleurs et des bulles 35
Comptine d'amour 36
Mon âme qui m'est sœur 37
Aimer à épuisement 38
Ailes d'ange 40
Comment te le dire 41
Une bataille de perdue 42
Me voir en toi 44
Si j'étais magicien 45

J'ai qu'à penser	47
Jeu poétique	48
Complices	49
Cupidon rebel	51
Ton arbre	53
M'aimeras-tu	55
Ton chagrin	57
Pourquoi je n'arrive pas à partir	59
Clef de mon cœur	60
Aimer	62
Coucher de soleil	64
Le chemin de l'instinct	66
L'amour donne des ailes	67
Ivre	68
Derniers souffles	70
Le veilleur	72
Mon monde parfait	74
L'arbre qui pousse sous tes pieds	75
Blackman	77
J'ai grandi « Fils »	78
Quand petit frère	80
Le pardon	82
Chaleur, danse et sentiment	84
Gagner	86
Les anges se cachent parmi les hommes	88
Margouillat	89
Violence, haine et amour	90
Je suis ton ancre	91

Elle	93
Message de notre belle Terre, la mère	95
Un air de blues	96
Chasseur	97
Le blues man	99
Mon corps danse avec mon esprit	101
Tous frères	102
Mister « Don Juan »	104
D'un coup de baguette	105
Assis sur le bord de ma vie	106
Elle me dit	108
Joli papillon de nuit	110
Fou ambitieux	111
Je veux pouvoir penser	112
Petite plume blanche	113

Préface

Ces textes ont commencé leurs histoires il y a plus d'une quinzaine d'années environ.

Pour la plupart, inspirée de ce qui m'entoure, une émotion, la nature, une aura ou un ressenti que je souhaitais illuminer en quelques phrases.

Pour d'autres textes, inspirée par des artistes interprètes ou encore des personnes qui ont croisé ma route, aussi bien hommes que femmes, dont certains m'ont parfois demandé d'écrire pour eux.

Je me suis lancée dans cette belle aventure, j'ai pris ma plume comme on commence un tableau, un portrait personnalisé, et j'ai décrit ce qu'ils ressentent, leurs émotions, leur colère, leur tristesse, leur vie, leur joie, leur bonheur… Comme on essaie de dessiner sur le portrait d'une personne en véhiculant ces expressions à l'instant où l'on façonne son profil. J'ai eu beaucoup de plaisir à mettre des mots les définissant dans mes comptines pour adultes dont j'espère, avec une note poétique, une pincée d'humour tout en restant philosophique.

J'écris depuis ma plus tendre enfance, mais je n'ai pas gardé tous mes textes depuis malheureusement.

Je souhaitais partager ces écritures de ces quinze dernières années pour montrer une vision du monde remplie de sensibilité.

Quel que soit le ressenti de chaque texte, j'espère avoir gardé une touche de tendresse comme un message que personne n'est seul à traverser les tempêtes de la vie, qu'on peut toujours se relever, voir la vie du bon côté, vieillir comme cette belle toile dessinée qui traverse le temps et prend de la valeur parce qu'elle représente le passé, le présent et le futur dans l'histoire de l'humanité.

Je remercie mes proches de m'avoir soutenue pour ce beau projet sans en connaître le contenu, puis celles et ceux qui y ont contribué concrètement, merci David pour ton aide informatique.
Vous souhaitant une bonne lecture remplie de bons moments.

Peggy Reynaud

JE SUIS TA PLUME

Je suis ta plume, ton crayon,

Je danse au rythme de tes chansons,

Les mots pleurent, les mots rient,

Autant que les sanglots de peurs, d'euphorie.

Les mots doux, les mots d'amour,

Me transportent sur un ton glamour.

Les post-its, pense-bêtes,

Telle la liste des mots cachés, sur la place secrète.

Je suis à tes ordres, tant que l'encre me coule à travers.

Je me dirige à ton inspiration, tes aspirations,

Tes envies, tes désirs, tes humeurs.

J'obéis jusqu'à ce que l'encre m'en manque.

SI LA VIE EST UNE EXPÉRIENCE

Si la vie est une expérience,
Que nous sommes sur terre pour accomplir nos âmes,
Que nos anges sont là pour alliances,
Que nous posons nos armes.
Nous aurions davantage de charme,
Pas de barrière,
Plus de retour en arrière,
Pas de regret en larmes.

Ce serait l'évolution,
Tout en résolution,
Comme une solution,
L'accomplissement d'une perfection,
Tous en communion.

Si la vie est une expérience,
Vivons ce jour comme le premier,
Vivons demain comme le dernier,
Remercions chaque soir d'être là,
Et chaque matin de vivre là.
C'est la chance d'une vie qui peut être éternelle
À nous de la rendre comme telle.

MARRAINE DU MONDE

Marraine du monde,
Si je devais veiller sur mes petites bombes,
Comme la bonne fée veille sur ses filleuls,
Je me mettrais à l'ouvrage de recueils,
Du haut de ma baguette magique,
Je réaliserais 3 vœux de façon logique,
Tels les contes de fées,
C'est le cadeau que ta Marraine te laisserait en héritage.

Le premier vœu pour toi serait la protection,
Au travers du temps, des lieux et afflictions.

Telle une mère veille sur son enfant,
Par-delà les tempêtes de la vie dans le vent.

Mon second vœu serait que tu trouves ta moitié,
Que tu aies toujours à tes côtés un allié.
Que tu ne sois jamais seul au monde,
C'est à moi que cette tâche incombe.

Mon troisième vœu serait un choix
Que tu devras faire à ta majorité,
C'est ta vie, à toi de faire ta loi,
Que ton désir soit fait de sincérité,
Entre Argent et Bonheur.

Que tu apprennes les choses à la bonne heure.
À faire les bons ou mauvais choix...

J'attendrais une décennie pour revenir sur ton dernier choix,
Savoir si ce vœu est un poids,
Ou si tu veux inverser les lois.

Les leçons ne sont bonnes que si tu peux alterner,
Avoir une autre opportunité.

Puis, je te laisserais regagner ton nid.
Tels seraient mes cadeaux de vie pour toi mon petit.

MORGAN DE TOI

Mature et Mâle,
Obscur est ton oracle,
Rageur et Rieur,
Gai et Gagneur,
Aimant et Amant,
Nerveux et Nocif.

Déterminé et Dégénéré,
Enivré et Énergisé.

Tel je suis Morgan,
Orageux l'amant que je suis,
Insouciant je reste en toi.

MARIAGE

Dans ton regard, je me perds,
Comme la prunelle de tes jolies perles,
Tes yeux me regardent à revers,
Je suis ton bout de parcelle,
Et toi ma pucelle,
Dévoué, sage et à toi pour l'éternité.

Aujourd'hui, c'est le plus beau jour de notre vie,
Jamais je n'aurais cru que signer la pérennité d'une fidélité serait dans
l'harmonie.]
Aujourd'hui, rien ni personne n'a une meilleure place que nous.
Osons, sautons, fêtons, vivons et aimons.

Ton vœu se réalise enfin, c'est acté.
La totale... genre ; bague, amis, famille, maire.
Celui qui parle, je le ferai taire.

Si je perds,
Croix de bois, croix de fer,
Je vais en enfer,
Cette fois-ci j'ai pris perpète,
Pas grave, fallait bien qu'un jour la folie s'arrête.
Laisser place à la paix, stabilité, notre smala, rien ne sert que je m'entête.

Aujourd'hui, c'est le plus beau jour de notre vie,
Jamais je n'aurais cru que signer la pérennité d'une fidélité serait dans
l'harmonie.]

Aujourd'hui, rien ni personne n'a une meilleure place que nous. Osons, sautons, fêtons, vivons et aimons.

TES PREMIERS SOUFFLES

Tu as déjà deux heures,
Et tu pleures,
Si fragile,
Et si frêle,
Peur ne pas être agile,
Tu es si belle.

À la maternité,
Bonheur et prospérité,
Tu es le cheminement,
Tu es l'aboutissement,
D'un amour avec fierté,
L'espoir de toute l'humanité.

Tes parents sont heureux,
Ta famille t'attendait,
Les amis sont curieux,
Les connaissances te flattaient.
Petit bout de chou,
Tu as déjà ton caractère
Tu ne te laisses pas faire,
Avec ton regard si doux.

En ce jour inoubliable,
Tes petites joues incroyables,
Ce bonheur formidable,
Pour toi, une vie admirable.

LA VIE SANS TOI

J'imaginais que la vie avec toi,
Serait un rêve dont on ne veut se réveiller.

J'imaginais que la vie sans toi,
Serait sans trêve le genre dont on peut se passer,
À bout de souffle, à bout d'insultes,
Quand tu me pousses à bout,
Je souffre de tout,
Notre histoire s'essouffle.

Nos cris ne s'étouffent,
Nos crises surtout,
Pas un pas sans crise et cris,
Ooh... Au secours !!

J'imaginais que la vie avec toi,
Serait un rêve dont on ne veut se réveiller,
J'imaginais que la vie sans toi,
Serait sans trêve le genre dont on peut se passer.

Au bout de ton écho, tu confonds amour et ego,
Au bout de ton tout, il n'y a pas que toi,
Le monde n'est pas non plus que toi,
Le roi n'est pas que toi,
Ton ego, ton tout, ton toi est en train de détruire cette belle histoire.
En laquelle j'avais tant d'espoirs.

Tu as tout détruit un peu plus chaque soir.
Je ne croyais pas qu'un jour, il serait juste trop tard,
D'imaginer que la vie sans toi serait une trêve dont on ne veut se réveiller,
D'imaginer que la vie sans toi serait une trêve, le genre dont je ne peux me passer.]

ENVIE DE PRENDRE SOIN DE TOI

*Envie de prendre soin de toi,
Envie que tu prennes soin de moi,
Différences de culture,
Par-delà nos a priori.*

*De ma plume,
En découlent des mots,
Quand je fume,
Je me détends de mes maux.*

*Que tu me dises avec foi
Que je te manque,
De cette vie avec moi,
Je pense que tu te planques.*

*J'aimerais t'entendre,
Me souffler « je suis ton ange ».
Je souhaiterais fondre
Sous tes louanges.*

*Envie de prendre soin de toi,
Envie que tu prennes soin de moi,
Différences de culture,
Par-delà nos a priori.*

Je voudrais qu'enfin
Se rencontrent nos âmes.
Et quand je pense à notre fin
Je sens mes larmes.

MON ÉTOILE

Assis sur la plus belle,
De toutes les étoiles,
Tel sur le bord d'une coupelle,
Tel un peintre et ces toiles.

Fier du reflet de ma lune,
Dans son miroir d'océan,
Fier du reflet de mes dunes,
Au soleil levant.

Du reflet de ma montagne,
Et de ces pointes blanches,
Des lumières qui l'accompagnent,
De ces flocons sur les branches.

Fier du reflet de mon pinceau,
Et de toutes ces couleurs,
Fier du reflet de mon eau,
Et de tous ces leurres.

Assis sur la plus belle,
De toutes les étoiles,
Mon chef-d'œuvre d'aquarelle,
De mes poussières d'étoiles,
De mon coup de crayon,
Tel un rayon.

LES YEUX SONT LE REFLET DE L'ÂME

Les yeux sont le reflet de l'âme,
Si tu cherches au plus profond de moi,
Pour savoir si Vérité ou Mensonge,
Plonge tes yeux dans les miens,
Tu y trouveras mon âme.

Frère ou sœur, qui que ce soit,
Tu verras sérénité ou songes,
La réponse à tes questions est à portée de main.
Elle dansera pleine de charme,
Jumelles peut-être pour toi,
Tu sauras si ton péché te ronge,
Plus aucun secret ne t'appartient,
Il se verra sur ton visage telle une larme,
J't'aurai percé comme ce vieux livre ouvert en toi.

Les yeux sont le reflet de l'âme,
Si tu cherches au plus profond de moi,
Pour savoir si Vérité ou Mensonge,
Plonge tes yeux dans les miens,
Tu y trouveras mon âme.

Les yeux sont le miroir de l'âme,
Que tu sois bon ou mauvais,
Elle n'a pas d'âge, comme cette dame,
En ton âme et conscience pour seul trait,

Les faits parlent d'eux-mêmes,
Que tu viennes du monde d'en haut ou d'en bas,
Les plans d'action que tu sèmes,
Au moment venu reviendront au rythme de tes pas.
Tel un miroir.

PAS UN SUR TERRE

Pas un, sur terre,
Ne me connaît autant que toi,
Ne m'a vue rire comme toi,
Pas un,
Pas un, sur terre.

Pas un, sur terre,
Ne m'a vue si naturelle,
Ne m'a vue de tes yeux si belle,
Pas un,
Pas un, sur terre.

Ne m'a donné sans attendre,
N'a été aussi tendre,
Pas un,
Pas un, sur terre.

Pas un, sur terre,
Ne m'a admirée jouer,
Ne m'a demandé de m'amuser,
Pas un,
Pas un, sur terre.

Pas un, sur terre,
Ne m'a dit ma saveur,
Ne m'a mise en valeur,

Pas un,
Pas un, sur terre.

Pas un, sur terre,
Ne me veut si heureuse,
Ne me veut si crapuleuse,
Pas un,
Pas un, sur terre.

Pas un, sur terre,
Ne m'a perçue en si peu,
Ne m'a conquise en si peu,
Pas un,
Pas un, sur terre,
Pas un.

VOYAGE

Partir,
Et ne rien laisser,
Et ne rien penser,
Partir,
Sans regret, sans projet.

Nous avons besoin,
D'être parfois un peu loin,
Nous sommes tous,
Un peu fous,
Nous avons parfois,
Un besoin d'être soi,
Nous avons un peu,
Un besoin d'être parfois heureux.

Partir,
Et ne pas compter le temps,
Ne pas regarder le temps,

Quelle que soit la destination,
Ce sera un bon moment,
Qu'importe la destination,
Ce sera le souvenir,
L'importance de la destination,
Sera l'enrichissement,

Ailleurs est la destination,
Pour un délice de plaisir.

Partir,
Et se laisser porter,
Ne rien penser qu'à s'envoler.

Ne pas se retourner,
Profiter,
Ne pas reculer,
Apprécier.

Partir,
Et ne rien laisser,
Et ne rien penser, partir,
Sans regret, sans projet.

LE TEMPS QUI PASSE ET TRÉPASSE

Je suis le temps qui passe et trépasse
Je file selon l'humeur du temps, du jour.

À fine allure dans mon costume imperceptible,
Et l'invisible qui peut être visible,
Perceptible à l'évolution d'une fleur, de ta peau qui change.

Je suis le temps qui passe et trépasse
Je file selon l'humeur du temps, du jour.

Je te vois au travers des années,
Tu défiles et tu ne cesses de me le rappeler.

Je ne connais nul qui puisse t'attraper,
Faire d'un bonheur un temps éternel,
Si je pouvais te momifier,
J'attendrais le moment heureux pour te pétrifier,
Je deviendrais alors le maître du temps,
Je te défierais à ma guise et te statuerais à mon bon vouloir.

Je remonterais le temps pour corriger mes regrets,
J'avancerais le temps de mes mauvais passages.

Je stopperais et repasserais sans cesse les bons moments pour les vivre
et les revivre.]

Tu réaliserais alors que je ne suis pas ton ennemi,

Mais juste ton meilleur ami car grâce à moi tu continues de vivre et d'exister.]

BRISE

Pourquoi,
Est-ce que tu me dis cela ?
Pourquoi,
Ces paroles blessantes ?
Pourquoi,
Tu me fais tant de reproches,
Pourquoi,
Tu me fais tant de mal ?

Est-ce pour te décharger,
Pour te décompresser,
Pour te déculpabiliser,
M'imprégner de ta souffrance ?

Projection au travers d'autrui,
Le besoin de compassion,
Faire souffrir nos proches,
Séduire pour détruire.

Besoin d'appartenance,
Besoin d'importance,
Extraire notre souffrance,
Séduire l'inaccessible.

LE SÉDUCTEUR

Si j'étais un séducteur,
Je te volerais le cœur
Sans que tu puisses voir le leurre,
D'un regard de tueur
J'étoufferais tes peurs.

Je serais ton seul repère,
Te faire frissonner de sueur,
Je serais ta bouffée d'air,
Dans la pénombre ta lueur.

Si j'étais un séducteur,
Je te volerais le cœur
Sans que tu puisses voir le leurre,
D'un regard de tueur
J'étoufferais tes peurs.

Je serais le confident comme un frère, un paternel,
Je serais l'amant de nos échanges charnels.

Pour toute la vie, pour l'éternel,
Je serais dans ta peau, dans ta tête, je te le martèle,
Si je pouvais être l'élu de ton cœur,
Je te décrocherais les étoiles et toutes ses sœurs,
Sans que tu puisses voir le leurre,
D'un regard, les yeux en cœur,

J'étoufferais toutes tes peurs,
Juste pour être ton dévoué charmeur.

CŒUR QUI PLEURE

J'ai le cœur qui pleure,
Telle la pluie dans le fleuve,
La douleur est telle,
Qu'un chagrin mortel.

Si tu as un cœur,
Tu percevras ma fragilité,
Transperceras ma sincérité,
Nous aurions pu aimer en chœur.

Tellement j'ai mal,
Manque de réciprocité,
De toi, il va falloir me passer,
Y'a-t-il une morale ?

Pour nous, un dernier essai.
Au côté de notre histoire,
Pour qu'il y ait de l'espoir,
Sachons rester fair-play.

J'ai le mal de toi,
Juste mon cœur pour toi,
Juste mes pensées pour toi,
Incontestablement toi.

DES FLEURS ET DES BULLES

La vie est une fleur remplie de bulles,

Les bulles sont la vie, elles sont comme des fleurs.

Fleurs de vie, fleurs de lumière,

Bulles de lumière,

La vie qui pétille tel le champagne,

Remplis-moi de bonheur,

Allume-moi de lumière,

Savonne-moi de bulles,

Éclate-moi de rire,

Fête-moi de joie,

Avec un peu de musique,

De quelques pas de danse en duo,

D'un rythme poétique,

Suffit d'un regard dans le tien « o sole Mio ».

COMPTINE D'AMOUR

Dis à mon ami « je t'aime »
Dis à mes amis « je t'aime »
Dis à nos frères « je t'aime »
Dis à mes sœurs « je t'aime »
Dis à mes parents « je t'aime »
Dis à ma famille « je t'aime »
Dis aux gens « je t'aime »
Dis à mes voisins « je t'aime »
Dis à mes collègues « je t'aime »
Dis aux animaux « je t'aime »
Dis à tous les êtres « je t'aime »

Dis à ma ville « je t'aime »
Dis à mon pays « je t'aime »
Dis à ma planète « je t'aime »
Dis à l'univers « je t'aime »
Dis à ma galaxie « je t'aime »
Dis aux dieux « je t'aime »
Dis à mère nature « je t'aime »
Dites à votre famille « je t'aime »
Dites à vos amis « je t'aime »
Dites à vos proches « je t'aime »
Dites au monde « je t'aime »

Désolée, pardon, merci, je t'aime,
Au revoir

MON ÂME QUI M'EST SŒUR

De mes larmes à mon cœur,
De ma fraîcheur sont mes armes,
De mon âme qui m'est sœur,
De mes pleurs qui sont charmes.

À quoi bon ma raison,
Quand mon cœur dit qu'il pleure,
Aquarelle, ma marelle,
Quand mon jeu est en feu.

À voir ceux, de mes yeux,
Quand mon esprit dit qu'il rit,
Avoir, tel un pouvoir,
Quand mes mots font défaut.

Au sein de mes mains,
Quand mon regard dit qu'il part,
Au creux de mes vœux,
Quand mes lèvres te soulèvent.

À en croire mon savoir,
Quand mon toucher dit qu'il rythmait,
À les noter sur mon cahier,
Quand mon son reste électron.

AIMER À ÉPUISEMENT

*Je suis fatiguée,
De nous attendre,
Je suis épuisée,
De nous puiser.*

*Je suis lassée,
De nous enlacer,
Je suis essoufflée,
De nous dessiner.*

*Je suis éreintée,
De nous cultiver,
Je suis blasée,
De nous écouter.*

*Je suis désespérée,
De nous espérer,
Je suis découragée,
De nous encourager.*

*Je suis écrasée,
De nous relever,
Je suis jetée,
De nous projeter.*

Je suis démolie,
De nous construire,
Je suis acquittée,
De nous quitter.

Je suis désenjouée
De nous voir jouer,
Je suis muette,
De nous parler.

AILES D'ANGE

Tu es mon sauveur,
Présent juste aux bons instants,
Tu apparais comme mon auteur.

Juste le temps de voir tes ailes d'ange,
Grâce à toi ma vie reste un bonheur.

À chaque pas, je crois que c'est la fin de ma vie,
Tu me ramènes à chaque fois à toute heure,
Mon parcours semé d'erreurs,
Et tu me devances, tu me connais par cœur.

Juste le temps de voir tes ailes d'ange,
Grâce à toi ma vie reste un bonheur.

Tu repars comme un voleur,
À peine le temps de ta saveur,
Mes problèmes ne sont que leurres,
Tu résous tout en douceur,
Tu es mon frère, ma sœur,
Tu veilles sur moi sans peur,
Ta présence m'amène ta chaleur.

Juste le temps de voir tes ailes d'ange,
Grâce à toi ma vie reste un bonheur.

COMMENT TE LE DIRE

Comment te le dire,
Sans te le dire,
Comment te l'écrire,
Sans te l'inscrire.

Que je suis en manque,
Quand tu n'es pas là,
Que je suis en planque,
Quand tu es au-delà.

Que je m'en épuise,
À t'attendre,
Je voudrais que tu me dises,
Espérer ta raison que je l'entende.

Que je ne suis plus, à te penser,
Que je n'existe plus,
À t'aimer.

UNE BATAILLE DE PERDUE

Une bataille de perdue,
L'histoire n'est pas finie,
Je n'ai pas dit mon dernier mot,
Juste un peu déçu,
Que la victoire revienne à l'autre partie,
Le combat ne sera pas sans soubresauts.
J'ai appris que rien n'est fichu,
Tant que le roi n'est pas en échec et mat.
L'espoir de se relever un jour venu,
C'est les lois du jeu, c'est le contrat.
Apprendre du passé, de ses erreurs,
Pour mieux se relever, aller de l'avant,
Se battre et apprécier cette lueur,
La lumière de l'espoir a un air de chant.

Une bataille de perdue,
L'histoire n'est pas finie,
Je n'ai pas dit mon dernier mot,
Juste un peu déçu,
Que la victoire revienne à l'autre partie,
Le combat ne sera pas sans soubresauts.

Un combat de perdu,
Dix solutions pour se retourner,
Un désir déchu,
Dix nouvelles portes à déverrouiller,

La vie est parfois ironique,
Chargée d'épreuves plus que d'autres,
L'expérience est parfois magique,
Elle fait ses preuves entre autres.

ME VOIR EN TOI

De me voir, dans ton regard,
Comme ce soir, tu t'en égares,
Je veux m'y asseoir comme en gare.

Le plus beau miroir,
Est dans tes yeux,
Je m'y suis vu un soir,
Et y ai vu mes vœux.

Les plus beaux compliments,
Sont de ta bouche,
J'y ai compris tes sentiments,
Et y ai vu l'avant couche.

Les plus belles années,
Sont passées avec toi,
J'y ai eu une vie ensoleillée,
Et y ai vu un « jamais sans toi ».

SI J'ÉTAIS MAGICIEN

Si j'étais magicien,
Ou génie genre Aladin,
1 million de vœux et souhaits me traversent,
À commencer par ce que je voulais dans mes premiers... genre ;

Richissime, bellissime,
Starissime, admirissime...
Whouauuu...
Je suis déjà perdu, je ne suis plus moi,
Je veux l'impossible, je deviens impossible,
Dernière voiture la plus chère,
Dernier château le plus cher,

Si j'étais magicien,
Ou génie genre Aladin,
1 million de vœux et souhaits me traversent,
À commencer par ce que je voulais dans mes premiers... genre ;

La plus belle des compagnes,
Je m'achète une conduite,
Je paie ma famille, mes amis pour qu'ils continuent de m'aimer.
Je paie la police, des gens à mon service pour la tranquillité,
Je paie, je paie, je paie...

Si j'étais magicien,
Ou génie genre Aladin,

1 million de vœux et souhaits me traversent,
À commencer par ce que je voulais dans mes premiers,

Où est la réalité, la vérité, l'authenticité ?
Les sentiments ne s'achètent pas,
Ma réalité est devenue virtuelle,
Ma vérité est aveuglée,
Leur authenticité est devenue indéterminée.

Si j'étais magicien,
Ou génie genre Aladin,
Saurais-je me réaliser sans me perdre ?
Aurais-je toujours de vrais amis, une famille dans ma sphère ?
Sans dissiper tout ce que je considère.

J'AI QU'À PENSER

J'en ai perdu le fil,
De mes pensées,
À reprendre c'est facile,
J'ai qu'à penser.

Un instant de pur toi,
Sentiments de pure foi,
Je me mens quant à toi,
Je le ressens à ma foi.

J'aimerais que tu me sois pur droit,
Souhaiterais que tu me sois pure loi,
Implorerais que tu sois mon droit,
Imposerais que tu sois ma loi.

Je te voudrais pour roi,
T'aimerais tout toi,
T'envierais comme roi,
T'admirerais comme roi.

JEU POÉTIQUE

Le là, c'est l'équilibre,
Il est là, je me sens libre,
Je suis las c'est horrible,
Et le « la » est inaudible.

Esprit tout fou,
Esprit tout flou,
Esprit dans tout,
Esprit pour tout.

Du haut de mon cœur,
Du bas de ma peur,
Plus haut quand il pleure,
Plus bas quand elle meurt.

Pas plus d'inverse,
J'en tombe à la renverse,
Pas plus d'averse,
J'en tombe à la renverse.

Ce n'est qu'un jeu,
J'arrête quand je veux,
Je fais comme je peux,
Mais c'est si peu.

COMPLICES

Je ne veux que ton bien,
Me réjouis de ton bonheur,
Viens toujours à la bonne heure,
Avec toi, c'est tout ou rien.

Je serai toujours là pour toi,
Ne te poserai pas de pourquoi,
L'amitié ainsi je la vois,
L'avenir, jamais sans toi.

C'est un peu comme
Tous pour un et un pour tous,
Ou bien comme
Au paradis nous irons tous.

De toute façon,
L'union fait la force,
Pas de contrefaçon,
Parlerons même le morse.

Générosité,
Dans ton cœur pour toujours,
Souvenirs et pensées,
Chef-d'œuvre d'un fil de l'amour.

Je ne veux que ton bien,
Te respecte comme mien,
Moments heureux tu te souviens,
Tu sais, c'est pas si loin.

Verres à refaire le monde,
Des soirées mémorables,
Vieux dossiers qui nous incombent,
Nuits blanches inoubliables.

Si loins et si proches,
Nos fous rires en poche,
Amitié sans équivoque,
Dure comme la roche,
On l'aime, on la provoque.

CUPIDON REBEL

Si j'étais Cupidon,
Je serais « the Cupidon Rebel »,
Je ferais se rencontrer les âmes sœurs,
Pour qu'elles succombent et que leurs vies soient belles.

Il y aurait rébellion,
Je ferais des coups de cœur.

Entre les plus grands différends mortels,
Pour apprendre à aimer ce monde avec ses nuances,
Je remplacerais les cœurs secs et brisés,
Par des cœurs doux, tendres et compatissants.

Si j'étais Cupidon,
Je serais « the Cupidon Rebel »,
Je ferais se rencontrer les âmes sœurs,
Pour qu'elles succombent, que leurs vies soient belles.

Il y aurait rébellion,
Je ferais des coups de cœur.

J'aurais fléché Hitler à un métissage d'ambiance,
J'aurais fléché les plus grands antisémites et nazis,
Aux plus intenses couleurs du monde auxquelles l'univers a donné vie,
J'aurais montré les merveilles qu'il fallait protéger par alliance.

Si j'étais Cupidon,
Je serais « the Cupidon Rebel »,
Je ferais se rencontrer les âmes sœurs,
Pour qu'elles succombent, que leurs vies soient belles.

Plus de guerre, plus d'ego, plus de différences.
Juste une terre, des héros pour sauver une offense.
L'amour d'une mère, l'amour des mots peut sauver les apparences.

Il y aurait rébellion,
Je ferais des coups de cœur.

Je serais le plus grand Cupidon Rebel,
Au service du cœur, de l'amour et pour l'éternel.

TON ARBRE

Être sur ton arbre
Ce n'est pas macabre
Suis si bien sur ton arbre
Chaud comme en Calabre.

Tu m'as tant cherchée
Que tu as fini par trouver
Tu as tant su me chérir
Que je n'ai pu en dormir.

Tu m'as tant gâtée
Quand j'étais rassasiée
Tu m'as tant aimée
Que je n'ai pas vu que je t'aimais.

Être sur ton arbre
Ce n'est pas macabre
Suis si bien sur ton arbre
Chaud comme en Calabre.

Tu m'as donné confiance
Que j'en étais insouciante
Tu m'as été si fidèle
Que j'en ai eu des ailes.

Tu as tant rempli ma vie
Que j'en ai eu envie
Tu as été si parfait
Que j'ai cru que je l'étais.

Être sur ton arbre,
Ce n'est pas macabre
Suis si bien sur ton arbre
Chaud comme en Calabre.

M'AIMERAS-TU

M'aimeras-tu jusqu'au bout de la nuit
M'aimeras-tu jusqu'au bout de la vie
M'aimeras-tu jusqu'au bout du monde
M'aimeras-tu autant que la terre est ronde
M'aimeras-tu à travers la galaxie
M'aimeras-tu à travers le temps et pour la vie
M'aimeras-tu pour toujours
M'aimeras-tu au petit matin
M'aimeras-tu après le premier bambin
M'aimeras-tu quand je ferai le malin
M'aimeras-tu quand j'aurai du chagrin
M'aimeras-tu quand je serai coquin

Rassure-toi mon ange
Je t'aimerai jusqu'au bout de la nuit,
Je t'aimerai jusqu'au bout de la vie,
Je t'aimerai jusqu'au bout du monde,
Je t'aimerai autant que la Terre est ronde,
Je t'aimerai à travers la galaxie,
Je t'aimerai pour la vie,
Je t'aimerai toujours.

Je t'aimerai jusqu'au petit matin,
Je t'aimerai encore plus après le premier bambin,
Je t'aimerai après chaque matin,
Je t'aimerai même quand tu feras le malin,

Je t'aimerai quand tu auras du chagrin,
Je t'aimerai quand tu seras coquin.

Toi et moi,
On s'aimera pour traverser nos destins,
On s'aimera tout le long du chemin,
On s'aimera pour traverser les tempêtes, les bourrasques,
On s'aimera sans naufrage,
On s'aime jusqu'au bout de nos univers.
On s'aime jusqu'à l'éternel.

TON CHAGRIN

Ton chagrin t'a gangrené,
Ta vie, notre couple, notre famille,
Ton chagrin t'a enchaîné,
Hors de ta vie, ton couple, ta famille,
Ta peine, je ne peux la chasser,
Si tu la laisses te combler.

Je l'ai vu dans tes yeux mouillés,

Que tu voulais cacher,

Derrière ces colères inavouées,

Que tu voulais minimiser.

Ton chagrin t'a laissé nous envahir,

Au fil du temps,

J'ai essayé de ne pas t'anéantir,

Il est destruction à contretemps.

Il t'empêche de vivre et d'évoluer,

Il nous met sans cesse des bâtons dans les roues.

J'ai essayé de t'ouvrir les yeux, que tu puisses changer,

J'ai même essayé de prier à genoux.
Pour qu'il y ait encore un nouveau Nous.

Ton chagrin t'a gangrené,
Ta vie, notre couple, notre famille,
Ton chagrin t'a enchaîné,
Hors de ta vie, ton couple, ta famille,
Ta peine, je ne peux la chasser,
Si tu la laisses te combler.

POURQUOI JE N'ARRIVE PAS À PARTIR

Pourquoi je n'arrive pas à partir,
Mon cœur, ma raison sont en désaccord,
Mon cœur veut s'enfuir,
Ma raison me dit de trouver un accord,
Ma vie part dans tous les sens,
Plus rien n'a de sens.

Je suis à l'orée de mon existence,
Le moment où il faut décider,
Celui où le choix s'impose sans convenance,
D'en finir ou d'assumer de rester.

Dans ma tête s'affiche le panneau avec toutes les directions,
Je pars à droite, à gauche, au milieu tant qu'il y a de l'action.

Savoir sortir de sa zone de confort,
Quels que soient les liens du sort.

Même si, parfois, la sage décision prend du temps,
Rien n'est sûr... la réponse est dans le fil du temps.

Parfois plonger et apprendre à nager en eaux troubles,
Pour trouver sa portion de bonheur inavoué,
Parfois même, égoïstement, savoir abandonner,
Pour trouver, par la force, son objectif de vie qui croule.

CLEF DE MON CŒUR

La clef de mon cœur,
Telle une fleur,
Tu as su me réjouir,
Tu as su me redécouvrir.

Oubliant le pouvoir d'aimer,
Ignorant de l'amour,
Je pensais y renoncer,
Perdant mon glamour,
Depuis, j'avais abandonné,
Je pensais rester dans ma tour.

La clef de mon cœur,
Telle une fleur,
Tu as su me réjouir,
Tu as su me redécouvrir.

Ne croyant plus en l'avenir,
Ne rêvant que de repartir,
C'est venu sans m'avertir,
En toi l'envie de me blottir,
Le temps qui reste, je veux te sentir,
Encore, encore te ressentir.

À toi un grand merci,
À tes mots doux si jolis,

À ta douceur dans mes pleurs,
À ta présence pour ma conscience,
À tes attentions et précautions,
À ton toi pour moi.

Tu as trouvé la clef de mon cœur,
Telle une fleur,
Tu as su me réjouir,
Tu as su me redécouvrir.

AIMER

Grâce à toi,
J'ai découvert l'amour.
Comme si en moi,
Il avait grandi et mûri.
Grâce à toi,
J'ai appris à mon tour.
Comme si en moi,
Tu avais surgi.

Tu m'as appris, à tes dépens,
À aimer sans sursis, comme un enfant.
À aimer sans penser uniquement à moi,
À préserver assurément,
À m'effacer si ce n'est pas moi,
À ne vouloir que ton bonheur,
Avec ou sans moi,
Je veux mon heure,
Je veux que ce soit avec moi.

Grâce à toi,
J'ai découvert l'amour.
Comme si en moi,
Il avait grandi et mûri.
Grâce à toi,
J'ai appris à mon tour.

Comme si en moi,
Tu avais surgi.

Aimer à se sacrifier,
Aimer à s'en oublier,
Je crois bien qu'amour,
N'aura plus le même glamour,
Si tu ne veux plus de moi,
Quand je te dirai avec foi,
Que mon cœur est pour toi.

COUCHER DE SOLEIL

Un coucher de soleil.
Me coucher à tes côtés.
Sur mon ventre ton oreille.
Te savoir tout près.

Viens à moi, je ferai de toi,
Un homme heureux,
L'homme que toute femme veut,
Je te chérirai,
Tellement je t'aimerai,
Tu pourras enfin être comblé,
Comme personne ne l'a jamais été.

Savoir que tu penses à moi,
Sourire quand tu parles de moi,
Frissonner quand tu es près de moi,
Frémir quand tu es en moi,
Quand tu dis que tu veux être avec moi,
Aller-retour de toi à moi.

J'aime à savoir ce que tu es,
La personne que tu es,
L'enfance qui a fait qui tu es,
Tes histoires qui ont fait qui tu es,
Ton passé qui t'a fait tel que tu es,
Tes parents qui t'ont fait tel que tu es.

Un coucher de soleil.
Me coucher à tes côtés.
Sur mon ventre ton oreille.
Te savoir tout près.

Viens à moi, je ferai de toi,
Un homme heureux,
L'homme que toute femme veut,
Je te chérirai,
Tellement je t'aimerai,
Tu pourras enfin être comblé,
Comme personne ne l'a jamais été.

LE CHEMIN DE L'INSTINCT

On suit le chemin de l'instinct au temps présent.

Tu le suis depuis ta plus tendre enfance,

Tu écoutes cette petite voix qui t'appartient,

Celle qui te dit « fais pas ci fais pas ça »,

« Mais fais plutôt ci et ça »,

Celle que tu décides d'écouter pour suivre ton destin,

Ou celle que tu cherches à entendre lors des plus grandes décisions de ta vie.

Les réponses changent au fil du temps,

Selon ton évolution,

Car ton instinct répond toujours au temps présent,

Il ne répond plus comme par le passé,

Ne répond pas pour le futur,

Juste pour le présent.

L'AMOUR DONNE DES AILES

Je savais que l'amour pouvait donner des ailes.
Même à moi, il a suffi d'une pincée de volonté,
D'une note obstinée, d'une poussière de passion,
Qu'autrefois nous chassions.
D'une abondance d'amour et d'attention pour faire de toi
L'âme qui est en toi.

La personne qui déplacera des montagnes,
Celle qui sera ma compagne.
Celle qui montrera au monde par une force déterminée,
Celle qui montrera à l'univers que l'amour est la seule vérité.

Là où tout est possible, tout peut se combattre,
Terminé le périple, Terminé de se battre,

Tout peut être atteint, il suffit d'y croire et d'espérer,
Après l'ombre et la pénombre viennent enfin les temps d'espoirs comblés.

Surtout n'oublie pas de foncer au rythme du cœur,
À la rencontre de l'âme sœur,
À la cadence de son battement,
Pas à contretemps,
Suivre les caprices de ses envies.
Ce que j'appelle les mille et un miracles de la vie.

IVRE

Fureur de vivre,
Des pleurs à rendre ivre,
Couleur de vivre,
Ces leurres rendent ivre.

Derrière, l'insouciance,
L'inexpérience,
Mauvaise confiance,
L'expérience.

De soleil et de tropique,
Merveille de vie utopique,
Éveil de ma vie politique,
Réveille la vie sans éthique,
Bouteille d'eau-de-vie critique,
Conseil de vie sans logique.

Devant l'avenir,
Je ne peux prédire,
Je ne peux le lire,
À moi de venir.

Fureur de vivre,
Des pleurs à rendre ivre,
Couleur de vivre,
Ces leurres rendent ivre.

De soleil et de tropique,
Merveille de vie utopique,
Éveil de ma vie politique,
Réveille ma vie sans éthique,
Bouteille d'eau-de-vie critique,
Conseil de vie sans logique.

DERNIERS SOUFFLES

Un jour arrivera,

Ce jour tombera,

Fin du combat,

Fin du contrat,

Le moment du constat,

Ce moment qu'on n'attend pas,

Pas d'heure ni de jour,

Pour l'heure, c'est le compte à rebours,

Pas de semaine ni de mois,

Pas la peine, il fera froid,

Pas d'année ni de date,

Plus âgée et j'en aurai hâte.

Pour certains se racheter,

Pour les uns regretter,

Pour d'autres se retourner,

Pour moi, contempler,

Aimer, admirer avec fierté.

Dernier souffle,

Dernier regard,

En même temps à quelque pas...

Premier souffle,

Premier regard,

Une vie s'éteint,

Une autre se rallume.

Ainsi va la vie.

LE VEILLEUR

Comment te dire « merci »,

Toi qui veilles sur moi,

Sans même l'avoir senti...

Tel un ange gardien sur soi,

Mon âme et mon cœur se marient,

Je ferai de toi mon roi.

Tu as été un frère,

Dans les moments difficiles,

Tu as été un père,

Quand tu t'es mis en péril.

Ta maison fut ma terre,

Quand je fus en exil.

Pour te remercier,

Mon respect éternel, tu auras.

Je voudrais tant te protéger,

Mon modèle, tu resteras,

Pour toujours, je veux te garder.

Aujourd'hui à moi de t'aider.

Par amour... Pour t'honorer,

Pour ton bonheur, je saurai m'envoler.

Je suis ton œuvre, celui que tu as créé.

Tu peux être fier de ton choix.

Ce que je suis, je te le dois.

MON MONDE PARFAIT

Si j'étais l'auteur de ma vie charnelle sur terre,
Je serais le fils de l'homme le plus puissant et riche,
Ma mère serait miss Univers et resterait une trentenaire.

Mon nom serait « Bond, Largo Winch ou Chance Lucky » et non,
je ne serais pas « Kitsch ».]
J'aurais l'intelligence genre Einstein,
La philosophie de Pluton,
L'ambition de Bill Gates
Le sexe à pile à la Rocco... Oh oh

Ma sœur serait mannequin, elle serait ma meilleure amie,
Mon frère serait Businessman de renommée pour le meilleur des avenirs,
Mes amis seraient jaloux mais ne pourraient pas me faire souffrir,
Ma femme serait jumelles, triplées, quadruplées et toutes ravies... hi hi

J'inventerais la machine qui maîtrise le temps,
J'aurais créé la jeunesse éternelle,
Je me diplômerais Docteur dans tous les domaines de compétences,
Je serais l'étincelle.

Je finirais dans les livres en Mémoires,
J'aurais mon nom de rue dans toutes les villes,
J'offrirais à chacun un espoir,
Je montrerais au monde un air de vie facile.

L'ARBRE QUI POUSSE SOUS TES PIEDS

Je suis l'arbre qui pousse sous tes pieds,
J'étais là bien avant toi,
Je t'observe du haut de mes branches où tu t'assieds,
Je suis là avec toi.

Mes racines pénètrent la terre au plus profond,
Tu te reposes souvent sur moi,
Mon écorce remonte le long de mon tronc,
L'ombre de mon feuillage bouge sur toi,
Je suis l'arbre qui pousse sous tes pieds.

J'étais là bien avant toi,
Je t'observe du haut de mes branches où tu t'assieds,
Je suis là avec toi.

Je suis la maison de la nature où il fait bon vivre,
Mon énergie retentit sur toi,
Mon écureuil cache ses noisettes aux derniers givres,
Tes mauvaises ondes sont englouties par moi.

Un petit nid avec sa famille au premier,
Beaucoup grimpent au second pour y survivre,
Je suis un peu comme l'arche de Noé,
Toutes les petites vies que je peux sauver.

Je suis l'arbre qui pousse sous tes pieds,
J'étais là bien avant toi,
Je t'observe du haut de mes branches où tu t'assieds,
Je suis là avec toi.

BLACKMAN

I'm « A Blackman »

Les filles m'appellent « Hum... My poetic Lover »
Mais pour les hommes, je suis « The Blackman »,
Et moi qui avais peur d'être un « Loser ».

À mes heures tardives, je suis « Le tombeur »,
Celles qui ne me connaissent pas me nomment « A Blackman »
Après quelques esquives, je suis un « Groover »,
Avec mes tresses, on me prénomme « A Blackman ».

Si j'enfile un costard cravate,
Je suis Le Bel « Blackman »
Et si je suis tard le soir en savates,
Je suis le « Blackman »,
Tandis qu'elle s'épile à ras en vrac,
Elle sera Mme « Blackman », hé hé...

Je n'ai pas besoin d'étiquette,
Dans mon monde,
J'ai déjà ma casquette,
Et elle n'est pas ronde,
Genre raquette,
Mais pas non plus immonde.

J'AI GRANDI « FILS »

Petit,

Je vais te raconter une histoire,

Fils,

Je vais te montrer un espoir,

Grandis,

Je vais allumer un couloir,

De ma vie.

Un beau jour, j'ai eu envie,

De m'en sortir,

De laisser mes peurs s'enfuir,

De m'ouvrir,

De ne plus souffrir,

J'ai dû abandonner les miens,

Ne pas pleurer en vain,

Partir de rien,

Chercher « un mien »,

J'y ai vécu ma renaissance,

J'y ai fui une adolescence,

J'ai expérimenté l'insouciance,

J'y ai connu ma conscience.

Ta mère a su me donner une abondance,

Des amis sûrs et tendances,

Un enfant de la providence.

L'amour par excellence.

QUAND PETIT FRÈRE

Quand, petit frère, viendras-tu me voir ?
Quand, petit frère,
Viendras-tu me dire « je veux te voir » ?

Quand, petit frère,
Tu me diras que je te manque,
Tu me diras que tu as besoin de moi...
Avant que le temps ne nous manque,
Avant que je ne sois plus là pour toi.

À quand, petit frère,
Le temps d'une trêve dans nos guerres,
Le temps du rêve de notre père,
Le temps d'unir nos forces,
Le temps de guérir nos entorses.

À quand, petit frère,
Je peux te dire ô combien tu comptes,
Je peux libérer nos comptes,
Je peux enfin partager,
Je peux être fier de t'aimer.

Quand, petit frère,
Tu viendras me voir,
Quand, petit frère,
Tu viendras me dire que tu veux me voir.

À ce moment-là,
Petit frère,
Grands ouverts seront mes bras.

LE PARDON

Le pardon est sans doute une clef du secret de la vie,
Nul doute qu'un jour nous y sommes tous à regret de ce sursis.
C'est un don de l'accorder, il est bénéfique quand il est sincère.

Cette plaie se referme avec le temps, laissez ailleurs ce goût amer.
Le pardon est en route,
Chemin faisant une nouvelle porte s'ouvre,
Pour laisser place à une nouvelle aventure,
Sans déchirure.

Pardonner, ne veut pas dire « oublier »,
Juste sur un joli fil doré par la pensée,
Lui envoyer les fleurs de la paix pour avancer,
S'épanouir, tourner une page de vie.

Pardonner, c'est lâcher prise,
Ne plus être sous l'emprise.
Se libérer d'une haine soumise,
Stopper la spirale des répétitions,
Pour laisser place à la constructive,
Cette belle perspective.

Le pardon est sans doute une clef du secret de la vie,
Nul doute qu'un jour nous sommes tous à regret en attente de ce sursis.

C'est un don de l'accorder, il est bénéfique quand il est sincère.

Ne cherche pas à tout contrôler,
Pour te protéger,
C'est comme ça que nous échappent les choses,
Accorde ton pardon à qui de droit,
En temps et en heure, tout en prose,
Laisse-toi glisser dans cette ère nouvelle de toi.

Le pardon est sans doute une clef du secret de la vie,
Nul doute qu'un jour nous y sommes tous à regret de ce sursis.
C'est un don de l'accorder, il est bénéfique quand il est sincère.

Le roi du temps que tu deviens revient de loin,
Apprécie, vis le présent comme un premier jour,
Laisse-toi envahir de cette énergie qui t'entoure,
Partage un peu pour que chacun à son tour
Puisse se remplir de ce bien-être,
Comme une douce balade champêtre.

CHALEUR, DANSE ET SENTIMENT

Chaleur des îles,

Chaleur des cœurs,

Danse des îles,

Danse des cœurs,

Sentiment d'abandon,

Sentiment de pardon.

Chaleurs dans les foyers,

Chaleurs des petites gens,

Sentiment de bien-être,

Sentiment d'être,

Chaleur tropicale,

Danse d'été,

Sentiment de festival,

Sentiment estival.

Chaleur atypique,

Chaleur magique,

Danse atypique,

Danse magique,

Sentiments épiques,

Sentiments ethniques.

GAGNER

Toujours plus loin,
Au-delà de ses limites,
Danser, chanter, bouger,
D'un air libertin,
Toujours, je persiste,
Mover, gagner et recommencer.

Tel un compte à rebours,
Un jour de passé est un jour de gagné,
Pas de temps pour les retours,
Un demain de liberté est un lendemain de gagné.

Monter et pertuber,
Une philosophie.

Rester et améliorer,
Ce n'est pas une phobie.

Partager et s'assembler,
C'est un début de victoire.

S'épauler et se porter,
C'est une gloire.

Tel un compte-tours,
Une minute de ce passé est une minute de gagnée.

Pas de temps pour d'autres cours,
Une heure de liberté est une heure de gagnée.

LES ANGES SE CACHENT PARMI LES HOMMES

*J'ai croisé un ange sans ailes, ce n'était qu'un homme,
Il a oublié ses ailes, mais ses intentions et actions étaient toutes bonnes.
Pour se mêler à la foule il a caché ses ailes,
Juste pour faire l'expérience de vie d'un homme.*

*Il a aimé et honoré sa femme,
Comme personne dans l'histoire de l'humanité.*

*Il a élevé et protégé ses enfants,
Comme la sagesse personnifiée.*

*Il a partagé et échangé son harmonie,
Il a enseigné sa paix en nous en imprégnant,
Il nous a donné des cadeaux de vie avec parcimonie.*

*J'ai croisé un ange sans ailes, ce n'était qu'un homme,
Il a oublié ses ailes, mais ses intentions et actions étaient toutes bonnes.
Pour se mêler à la foule, il a caché ses ailes,
Juste pour faire l'expérience de vie d'un homme.*

*Une fois sa mission accomplie,
Il a su nous préparer à son départ,
Sans qu'on le sache, il nous a dit « au revoir »,
Il est allé chercher ses ailes,
Pour s'envoler dans le ciel,
Avec un peu de retard,
Car l'amour sur terre l'avait ralenti.*

MARGOUILLAT

Petit Margouillat,
Quand je te regarde,
Je vois mon paradis fuchsia,
Tu lèves la garde,
Ce moustique tu engloutiras,
Cette gymnastique te comblera.

Petit lézard,
De tes translucides,
Multiples couleurs,
Tu es là par hasard,
Tu te déjoues des insecticides,
Des leurres.

Petit reptile,
De ton adhérence,
Tu es si joli, inoffensif.
Pas de projectiles,
Pas d'intolérances,
Tu souris d'un air oisif.

VIOLENCE, HAINE ET AMOUR

Bonjour,
Je m'appelle violence, haine et amour,
Je vois mon monde qui court,
Salue les gens qui m'entourent,
J'aime ces personnes pour toujours.

Bonjour,
Je m'appelle violence, haine et amour,
La peine est un compte-tours,
J'accuse l'injustice sans détour,
Je dénigre l'extrémité chaque jour.

Bonjour,
Je m'appelle violence, haine et amour,
Contre l'insolence qui rend sourd,
La chasse contre la différence en cours,
Un combat depuis le début du parcours.

Bonjour,
Je m'appelle violence, haine et amour,
Amour car c'est le premier tour,
Haine reste sans recours,
Violence qui met en échec la tour.

JE SUIS TON ANCRE

Je suis ton ancre,
Ton repère dans la nuit,
Ta maison quand tu as besoin d'un nid,
La source qui agit dans l'ombre.

Ta force, ton courage,
Ton instinct de survie,
Ce qui sort de toi quand tu as la rage,
Ce qu'il te reste après qu'on t'ait anéanti.

Je suis ton ancre,
Ton repère dans la nuit,
Ta maison quand tu as besoin d'un nid,
La source qui agit dans l'ombre.

La pluie après le beau temps,
Sert à laver et nettoyer tes traces,
Remplies de blessures et cicatrices elles s'effacent.

La pluie remplace l'enfer par du bon temps,
Puis le vent laisse place à la leçon,
Ce souffle est le meilleur allié,
Pour tout oublier,
Grâce au temps, l'évolution laisse place au pardon.

Je suis ton ancre,
Ton repère dans la nuit,
Ta maison quand tu as besoin d'un nid,
La source qui agit dans l'ombre.

ELLE

Tant de choses pour elle,
Un avenir pour elle,
Une beauté de tout instant pour elle,
Un amour insouciant de chacun pour elle.

Je voudrais interdire à la mort,
De passer avant d'avoir vécu et vieilli,
Je voudrais interdire à la mort,
De faucher sans avoir un pass VIP ou vieille pie.

J'aurais voulu qu'elle reste.
Qu'elle passe encore me voir,
Si j'avais su, j'aurais fait un geste,
Pour garder sa trace avec espoir.

Son passage si court,
Au début de sa vie,
La marque de son parcours,
Le début de son récit.

Je voudrais interdire à la mort,
De passer avant d'avoir vécu et vieilli,
Je voudrais interdire à la mort,
De faucher sans avoir un pass VIP ou vieille pie.

Juste sa présence,
Elle illuminait.
Juste son aisance,
Elle apaisait, réconfortait.

Juste d'un sourire,
Elle parlait,
Juste d'un rire,

Elle vivait...

MESSAGE DE NOTRE BELLE TERRE, LA MÈRE

Je suis ta planète, ta terre, ton Havre de paix,
N'oublie pas qui tu es, je te reprends à la vie quand je veux.

Nulle part ailleurs, tu ne pourras aller quand tu m'auras tuée.

Je t'offre le logis, nourri, blanchi.

Continue tes bêtises, petit homme irresponsable.

Tu cours à grands pas à ta propre perte.

Bombe atomique, guerres, virus, pollution sur terre, pollution dans l'air... dans l'eau et j'en passe de ton comportement instable.

Je suis ta planète, ta terre, ton Havre de paix
N'oublie pas qui tu es, que je te reprends à la vie quand je veux.

Nulle part ailleurs, tu ne pourras aller quand tu m'auras tuée.

UN AIR DE BLUES

Sur un air de blues,
Quand j'ai le groove,
Je chante un air de rappeur,
Avec mon air de crooner.

Je le dois à mon amour des miens,
À mon amour des tiens,
À toi maman,
Mes amis, ma mifa.
Ça me rappelle le temps d'avant,
Ma nostalgie, mes tracas...

C'est ma confession,
Je le fais sans concessions,
Juste par passion.
Parfois avec résolution,
Comme pour trouver mes solutions.

Je vous... Je lui dis « Je t'aime »,
Sans haine, pour la race humaine,
Sans scène, Juste ma scène !!!

CHASSEUR

De mes yeux de chasseur,
De mon âme que tu effleures,
Mon objectif, tu es pour l'heure,
Mes mots, ma voix sont tes serviteurs,
Mes mains, mon corps sont tes fleurs,

Mon âme se damne pour toi.
D'un baiser, je serai ton roi.
D'un sourire, j'aurai foi.
D'une caresse sur moi,
D'un regard sournois,
Tel l'appât, je serai
La pomme à croquer j'encenserai.
Mon dessert, je voudrai.
Sensualité, j'incarnerai.
Casanova même est imparfait.

Ma brebis, tu deviendras.
Le chasseur vaincra.
Ton odeur parfumera.
Tel un trophée au combat.
De mon arme, je t'abats.

Prise dans mes filets,
Pas d'issue pour se cacher,
Tu ne pourras que succomber,

L'amant parfait pour te hanter.
Plus jamais tu ne pourras oublier.

LE BLUES MAN

Ce soir ici-bas, la complainte du blues man,
Je me sens las, je ne suis pas un auto man.
La chance ne me sourit pas, je ne suis pas ce superman.
Je voudrais tant de mea cool man.

Je suis un lion en cage, ma vie est un marécage.
Je me bats toujours avec rage.
Et la réalité me rattrape d'âge en âge.
Mes motivations, mon ambition attisent les orages.
Ma seule arme, c'est mon courage.

Mais ce soir, je suis à bout,
Mes espoirs me lâchent.
Je vois bien que je ne peux pas tout.
Mes rêves se font taches,
Dans ce monde parfait, un peu fou.
Je suis au fond du trou,
Ce soir, je me relâche.

Ce soir ici-bas, la complainte du blues man,
Je me sens las, je ne suis pas un auto man.
La chance ne me sourit pas, je ne suis pas ce superman.
Je voudrais tant de mea cool man.

Ce soir, j'ai besoin d'un frère, d'une sœur... d'un ami,
Qui m'emmène loin de mes soucis.

Qui comprenne mes ressentis,
Pas un juge... juste celui qui me porte au loin,
Pas de subterfuge... juste celui qui écoute avec soin.
Ce soir, le blues man a besoin de partager sa vie avec l'un des siens.

MON CORPS DANSE AVEC MON ESPRIT

Je laisse mon corps,
Aller au rythme de son sort,
Et des accords,
Mon esprit danse en essor,
Ma tête va et vient tel un ressort.

Je danse et me relâche,
Mes membres m'échappent.
Mon âme se dispatche.

Et je divague,
Au rythme des vagues,
Que tu joues,
Ce soir, pas de blues.

Mes jambes sont en musique,
Ma danse esthétique,
Tel un battement de cœur,
Ce soir, pas de pleurs,
Je me laisse aller,
À m'envoler, m'illuminer.
Comme une invitation,
À la lévitation.

TOUS FRÈRES

Tous frères,
Après tout, on s'en fout,
On peut tous faire un tout,
Si on est tous frères,
Qu'on danse dans les rues,
Comme des frères,
La différence, on s'en fout,
En chacun, un père,
Main dans la main, on n'est plus perdus,
L'intolérance, on s'en fout.

Toi, mon frère,
Apprends-moi comme un père,
Préserve-moi comme une mère,
Toi ma chair,
Tu es mon air,
C'est notre ère,
Tous dans notre terre.

Tous frères,
Qu'est-ce qu'on s'en fout,
Demain est un autre jour,
Aujourd'hui tous frères,
Aujourd'hui, jour de trêve,
Pas de guerre,
Pas de galères,

Aujourd'hui c'est notre ère,
Aujourd'hui on est tous frères,
Un nouveau jour se lève.

MISTER « DON JUAN »

Mister « Don Juan »,
Est un homme de cœur sans raison,
Mister « Don Juan »,
Est un homme à femmes sans raison,
Mister « Don Juan »,
Est un homme de jeu à séduction,
Mister « Don Juan »,
Est un homme de feu sans réduction.

Il peut chasser ses proies,
Sans relâche durant des mois,
C'est un travail de longue haleine,
Il a du détail pour sa reine.

Il sait parler et écouter,
Flatter pour émerveiller.
Son âme est à l'ouvrage,
Il devient le sésame du courage.

Pour le capturer, donne-lui des ailes,
Pour l'apprivoiser, prête-lui ton jardin,
Pour l'amadouer, raconte-lui tes peines,
Pour l'enfermer, reprends-lui ses ailes.

D'UN COUP DE BAGUETTE

*D'un coup de baguette,
Ma vie peut être magique,
Ma vie peut être tragique,
Comique ou épisodique.*

*D'un coup de baguette,
Tu peux me rendre heureux,
Tu peux me rendre malheureux,
Joyeux ou coléreux.*

*D'un coup de baguette,
Ma vie peut s'arrêter.
Ta vie peut se suspendre,
Nos vies s'effleurer ou s'envoler.*

*D'un coup de baguette,
Le bonheur sonne à ma porte,
Ton bonheur tape à ma porte,
Le bonheur nous colporte,
Et nous escorte.*

ASSIS SUR LE BORD DE MA VIE

Assis sur le bord de ma vie,
Je regarde mon parcours,
Mes réussites, mes plus beaux défis,
Mes échecs, mes erreurs de discours,
Mes montagnes surmontées sans soucis,
Ces épreuves qui m'entourent.

Assis sur le bord de ma vie,
Je regarde mon parcours,
Rempli de joies folles,
Mais aussi de peines sans fond,
De bonheur quand je prends mon envol,
Mais aussi d'absence et de vide profond.

Assis sur le bord ma vie,
Je regarde mon parcours,
Épineux et ironique,
Fastidieux et magique,
Nerveux et biblique,
Courageux et public.

Assis sur le bord de ma vie,
Je regarde mon parcours,
Jalousé mais apprécié,
Piégé mais activé,

Sali mais fier,
Grandi au tiers.

Mi-ange, Mi-démon,
Assis sur le bord de ma vie,
Je regarde mon parcours
Parfois ange, parfois démon.

ELLE ME DIT

Elle me dit : Le talent de tes mains sur la basse,
Ne fait nul doute
D'un élan de demain tout en classe,
Te croisant ainsi c'est certain tu es mon « as ».

Tu me dis : Quand je te regarde de mes yeux amoureux,
Je te veux langoureux et sérieux,
Je te veux ambitieux et respectueux,
On te brisera de jalousie,
Mais tu souriras de leur envie,
Alors on t'offrira une nouvelle vie.

Tu me dis : Si les hommes étaient plus comme toi,
Les femmes auraient plus de choix,
Alors hommes et femmes seraient rois.

Elle me dit : Si tu voyais l'étoile que tu es,
Quand je te vois sur scène briller,
Tu saurais un poil plus ce que et qui tu es,
Quand le soir sans peine tu renais.

Tu me dis : Nos vies se sont croisées,
Le temps d'un souffle,
Et resteront marquées,
Le temps d'un double,

Toi et moi, illuminions le temps d'un couple,
Qui s'est achevé le temps d'un doute.

Elle me dit : Surtout ne m'oublie pas,
Pense et rêve de moi,
Si tes jours se brisent sous tes pas,
Je te ressusciterai en pensant à toi.

JOLI PAPILLON DE NUIT

Tel un joli papillon de nuit,
Quelle que soit l'heure, ma vie est cette nuit,
Je suis libre et je vibre.

Au « La » de la basse,
Sur le rythme de la batterie,
Au tempo du piano,
La vibration d'une percussion.

Je suis le roi des papillons de nuit,
Quelle que soit l'heure, ma vie est cette nuit,
Je vibre libre et je suis.

Je me pose : Sur le sourire d'une jolie fille,
Sur le corps ample de sa danse,
Sur le caramel de sa peau au goût myrtille,
Dans ses yeux qui me mettent en transe.

Je me sens voler tel le papillon de nuit,
Quelle que soit l'heure, ma vie est cette nuit,
Je vibre et je suis libre.

Le temps d'un battement de musique,
Le temps d'un battement de cils,
Le temps d'un battement de cœur,
Le temps d'un battement d'ailes,
Tel le papillon de nuit qui se fond en elle.

FOU AMBITIEUX

À croire tes yeux malicieux,
Ton sourire de « Belgoss »,
Me font grimper dans les cieux,
Et me rendent plus féroce,
J'en deviens un homme heureux,
Sonne alors une musique de noce,
Je suis ton fou ambitieux.

Tu me veux pour toi ?
Te réchauffer quand tu as froid ?

Ton cœur est à moi,
Je suis là pour toi,
Tu n'as pas le choix,
C'est ton seul droit,
Te dire que je suis à toi.

Je suis ton « Bad boy » préféré,
Ton « Goss Bo » adulé,
Ton amant désiré,
Ta fierté inavouée,
Arrête-moi bébé, si ce n'est pas vérité...
Tu me fais craquer,
Un feeling à tomber,
Un charme à croquer,
Un air à succomber,
Tout pour s'y abandonner.

JE VEUX POUVOIR PENSER

Je veux pouvoir penser,
Que tu vis sur ton nuage,
Au-delà des orages.

Je veux pouvoir penser,
Que tu es un ange,
Au-delà des mésanges.

Pouvoir t'imaginer,
Traverser les océans,
Au-delà des volcans.

Je veux pouvoir te regarder,
T'envoler et voyager,
Rigoler et aimer.

Je veux qu'un lendemain enfin se lève,
Que ton image reste,
Que ton esprit s'élève,
Te voir marcher au coucher de l'ouest,
Accepter que ta lumière m'élève,
Que ta sagesse se révèle,
Que ma tristesse s'enlève.

PETITE PLUME BLANCHE

*Petite plume blanche,
Qui vole et s'emporte,
Au fil du vent.*

*Que ce soit brise ou tempête,
Tu ne laisses pas d'écume blanche,
Du sol le souffle t'emporte,
Au fil de la bise.*

*Qu'elle soit fraîche, pas de prises de tête,
Libre de ton envol, tu fais en sorte,
De suivre le fil à ta guise.*

*Petite plume blanche,
Qui vole et s'emporte,
Au fil du vent.*

*Ton poids plume telle la feuille de la branche,
Qui se décolle pour que le temps l'emporte,
Se laissant vivre et porter, exquise.*

*Petite plume blanche,
Qui vole et s'emporte,
Au fil du vent.*